AF382248

SAN LUIS

Un rey cristiano en la raíz
de la justicia moderna

Por Raphaël Coune
Traducido por Laura Soler Pinson

Historia 50MINUTOS.es

SAN LUIS

- **¿Nacimiento?** El 25 de abril de 1214 en Poissy, Francia.
- **¿Muerte?** El 25 de agosto de 1270, cerca de Túnez.
- **¿Función?** Rey de Francia de 1226 a 1270.
- **¿Principales aportaciones?**
  - Luis IX es el instigador de la séptima y octava cruzada.
  - Este gran reformador sienta las bases de un sistema administrativo, judicial y económico nuevo, más igualitario.
  - Convierte a Francia en el país protector de las santas reliquias de la pasión de Cristo y ordena construir la Sainte-Chapelle para acogerlas.
  - Es el primer rey capeto que desarrolla una política social y caritativa importante. Francia le debe la construcción y la financiación de muchos hôtel-Dieu —casas de Dios—, hospicios y órdenes mendicantes.

¿Qué noble y qué gran barón de la corte de Felipe

Augusto (1165-1223) habría podido imaginar que el cuarto hijo del futuro Luis VIII (1187-1226), bautizado el 25 de abril de 1214 ante los ojos de todos, llegaría a ser canonizado un día? ¿Quién podría adivinar que estaba asistiendo al bautizo de un santo cuyas reliquias se dispersarían por Francia y por Europa para producir milagros y ofrecer protección a los peregrinos que las visitarían?

¿Cuál de los monjes de la abadía de Royaumont que acogen al rey durante la construcción del edificio, en 1228, habría podido ver en este joven de 14 años al gran monarca reformador en el que se convertirá, tras ver cómo reza 8 horas al día, sirve la mesa y se ofrece como voluntario para cumplir las tareas ingratas, como alimentar a los monjes leprosos, apartados para evitar cualquier contagio?

¿Cómo ver en este niño tan piadoso, tan devoto, al hombre que se encuentra en la raíz de la justicia moderna, a la figura emblemática de la causa cristiana y al instigador de 2 cruzadas?

Nadie imaginaba por aquel entonces que se encontraba ante un rey con una influencia tan grande que los primogénitos de la dinastía de los Borbones destinados a reinar llevarían su nombre con la esperanza de convertirse en un soberano tan ilustrado como este prestigioso ancestro. Nadie podía pensar que, todavía en la actualidad, ciudades, universidades y hospitales llevarían el nombre de quien gobernó Francia de 1226 a 1270.

Y es que esto es lo que nos desvela la historia: san Luis, adulado por su pueblo y por los nobles de su reino, se convertirá en la referencia real durante siglos. ¿Pero de dónde viene esta gloria? ¿Por qué fue tan alabado, tan respetado? ¿De dónde viene este prestigio que, durante siglos, iluminará el trono de Francia con un halo de grandeza y de respeto?

BIOGRAFÍA

Vidriera de la iglesia de Izernore que representa a san Luis.

UN REY ILETRADO NO ES MÁS QUE UN ASNO CON CORONA (1214-1226)

Con 4 años, Luis, cuarto hijo del futuro Luis VIII y de Blanca de Castilla (1188-1252), se convierte en el mayor de sus hermanos tras el fallecimiento de su hermano. Su madre, que desempeñará un papel clave durante la primera mitad de su reinado, le da una educación muy exhaustiva y muy estricta. En esta época, se extiende la idea de que el rey debe ser culto, sabio e instruido para gobernar. Un buen monarca se ve en la educación que ha recibido, en vez de en las guerras que ha liderado. Blanca de Castilla, que es extremadamente creyente, enseña a su hijo a respetar a Dios, a comprender su misericordia y a temer el pecado. Esta educación lo marca profundamente. El futuro san Luis se ve superado por la religión y se muestra fascinado por la vida monástica, a la que se acerca desde muy pronto. Tan solo tiene 12 años cuando muere su padre, y una de las primeras tareas que lleva a cabo como rey es la creación de la abadía de Royaumont, siguiendo las últimas voluntades de su progenitor. En este establecimiento religioso, adonde vendrá a menudo, frecuenta a monjes y a hermanos, y se integra perfectamente en la organización y en la vida monástica. Incluso se integra demasiado bien, según el abad, que manda que lo vigilen, ya que no se puede permitir que el soberano de los franceses se rebaje a las labores ingratas de la vida monástica. Sin embargo, el joven Luis sigue ofreciéndose como voluntario para ir a dar de comer a los leprosos.

Además de su madre que le inculca los preceptos religiosos, la segunda figura importante de su educación es su abuelo, Felipe Augusto. Este le enseña la importancia de la majestuosidad real y de la diplomacia. Durante sus 2 últimos años de reinado (1222-1223), lo forma en el oficio de rey invitándolo a asistir a sus consejos y a sus reuniones, y enseñándole los consejos fundamentales para gobernar.

Con 9 años, Luis ve cómo su padre sube al trono. No obstante, su reinado no durará mucho, ya que fallece 3 años más tarde a causa de la disentería. Así, con 12 años, Luis es catapultado al trono del reino cristiano más grande. Su madre se hace nombrar regente hasta la mayoría de edad del rey y lo hace coronar a toda prisa en Reims.

¡QUÉ DIFÍCIL ES SER REY (1227-1244)!

Blanca de Castilla, que gobierna con mano de hierro, despierta la ira de muchos condes y barones que no soportan la idea de ser dirigidos por una mujer que, además, es extranjera. Así, Luis IX se ve obligado a otorgarles privilegios, a darles algunas plazas fuertes, a liberar a hombres suyos que son prisioneros desde hace mucho tiempo y a prometer en matrimonio a sus hermanos y hermanas.

Pero esto sigue sin ser suficiente y la guerra es inevitable. Durante las batallas, el rey se presenta como un guerrero temible, como un gran estratega y, sobre todo, como un experto diplomático. Poco a poco, los barones van viendo en este joven al digno descendiente de Felipe Augusto y se someten a él.

En 1334, cuando alcanza la mayoría de edad, Francia está completamente pacificada. Ese mismo año, Blanca de Castilla elige a una mujer para su hijo, Margarita de Provenza, con la que tendrá 11 hijos.

| Grabado de Eugène Devéria de 1839 que muestra cómo San Luis y su mujer Margarita de Provenza son interrumpidos por Blanca de Castilla.

MÁS CERCA DE TI, SEÑOR (1245-1270)

A finales del año 1244, cuando el rey vuelve de una campaña militar que lleva a cabo contra Enrique III de Inglaterra (1216-1272), su salud se deteriora. Luis IX enferma de disentería y ya no puede desplazarse. Entonces, se organizan en todo el reino campañas de rezo y, varias semanas más tarde, se cura milagrosamente. En seguida, hace el voto de llevar a cabo una cruzada en Tierra Santa, una decisión que transformará su reinado y la Francia de esa época.

Se va 4 años más tarde, es hecho prisionero y solo vuelve a Francia 6 años después, convertido en héroe cristiano que lleva un halo de sabiduría. Sin embargo, tiene muy presente su fracaso, y su incapacidad para recuperar la Ciudad Santa lo perseguirá hasta el fin de sus días. Luis IX ve en ello un castigo divino. A su regreso, lleva a cabo una serie de reformas importantes en los ámbitos económico, judicial y administrativo para que su país sea digno de Dios.

En 1266, anuncia al papa Clemente IV (fallecido

en 1268) su deseo de volver a las cruzadas, a pesar de la oposición de sus barones y de sus consejeros. Abandona Francia el 1 de julio de 1270 para no volver a ver jamás este territorio. Tras una primera victoria en Cartago, su Ejército se ve castigado por una epidemia de disentería y de tifus. Luis IX muere al mes siguiente a las puertas de Túnez, lo que pone un punto final a la octava y última cruzada.

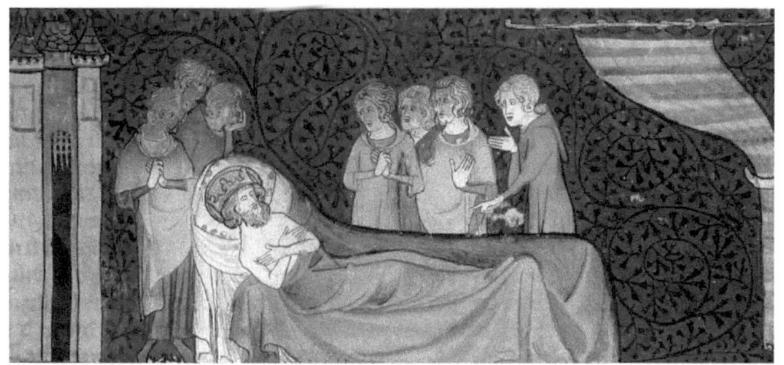

| Luis IX en su lecho de muerte.

CONTEXTO

UN REY GUERRERO Y DIPLOMÁTICO

Durante el reinado de Luis IX, se distinguen 2 periodos problemáticos que enfrentan la realeza a los barones y a los señores de Francia. El primer momento empieza poco después de su coronación, en 1226, y termina en 1334. El segundo estalla en 1241, cuando Hugo de Lusignan (conde de la Marche y de Angulema, 1185-1249) se opone públicamente al soberano, y se acaba en 1243, cuando Enrique III de Inglaterra solicita la tregua. Cabe señalar que, aunque estas revueltas se efectúan contra la autoridad de Blanca de Castilla, no se articulan en torno a un objetivo común. Cada barón actúa por cuenta propia y quiere obtener unos beneficios que, a menudo, son muy diferentes. Esta desunión ayudará a la Corona.

Cuando Luis VIII fallece, por primera vez en la historia del reino de Francia quien ocupa el puesto de rey es un niño. Muy rápidamente, Blanca de Castilla se impone y oficializa un acto inédito en el que el arzobispo de Sens y los obispos de Chartres y de Beauvais afirman que, antes de fallecer, Luis VIII habría formulado el deseo de colocar a su hijo y a Francia bajo la tutela de su mujer hasta que este último alcanzase la mayoría de edad. Durante mucho tiempo, los historiadores han debatido sobre la veracidad de estas declaraciones, sobre el valor de un documento oficializado por la persona a la que beneficia y firmado por 3 de sus más fieles aliados. Sin embargo, sea real o no, el documento sienta las bases de las normas de regencia: el monarca tendrá que llegar a la mayoría de edad para subir al trono y, mientras tanto, será su madre quien gobierne.

Precisamente es este último punto el que hace que los barones se subleven. Por ello, muchos de ellos se rebelan. Cabe destacar entre los más agitados a Felipe Hurepel (conde de Boulogne y tío del rey, 1200-1234), a Hugo de Lusignan y a Pedro Mauclerc (duque de Bretaña y conde de Dreux, 1187-1250). Estos se lanzan en una auténtica campaña contra el poder monárquico, en la que cualquier idea es buena para provocar que la realeza se tambalee: luchas armadas, acciones de sabotaje contra el poder, rumores contra la reina y contra sus consejeros e incitación a las revueltas populares.

En 1227, se produce el acontecimiento más sorprendente de este periodo: los barones deciden arrebatar al rey de los brazos de su madre y de sus consejeros para gobernar en su nombre y adueñarse del poder, de las tierras y de las riquezas. Planean secuestrar a Luis IX, que ha vuelto de Vendôme con su madre, adonde habían acudido para negociar con los barones del oeste. Para ello, bloquean la entrada del cortejo real en Montlhéry y toman al niño. Blanca de Castilla, que se queda en el cortejo, lanza una llamada de socorro y es el pueblo de París, armado con horcas, el que libera al soberano y lo trae de vuelta de forma triunfal al palacio de la Cité. Luis IX jamás olvidará que le debe su poder a su pueblo y a la gente humilde. Poco a poco, los barones se someten a él y vuelve la calma.

Durante este periodo agitado, el rey de Inglaterra, aliado con Pedro Mauclerc, también intenta socavar el poder real, aunque no lo logra.

El segundo periodo de violencia es mucho más corto. Tiene lugar tras un litigio entre el rey y Hugo de Lusignan a propósito de una promesa de matrimonio que el barón no cumple y su negativa a devolver los terrenos que ya se han entregado como dote. Enrique III de Inglaterra aprovecha la situación tormentosa para reclamar sus posesiones francesas confiscadas en tiempos de Felipe Augusto. Raimundo de Tolosa (1197-1249) sigue el ejemplo y declara la guerra al rey para recuperar sus tierras en la región cátara, confiscadas unos años antes. Sin embargo, Luis IX cobra ventaja sobre sus enemigos y a estos no les queda más opción que huir para acabar sometiéndose. En marzo de 1243, se firma una tregua de 5 años con

Enrique III, que vendrá acompañada de una paz duradera cuando el rey de Inglaterra renuncie de manera definitiva a las tierras confiscadas por Felipe Augusto. Incluso se convierte en el amigo de Luis IX y le pide ayuda y consejos en las luchas contra sus propios barones.

UN REY A VECES INTRANSIGENTE Y CRUEL

La imagen de Luis IX como soberano bueno, sabio y pacificador, que perdona a sus enemigos, está muy extendida en la actualidad. Sin embargo, aunque es cierto que contiene una parte de verdad, no hay que olvidar al san Luis colérico e, incluso, cruel con los blasfemadores de Cristo, los cátaros y los herejes. En efecto, durante el siglo de Luis IX, la historia de los cátaros acaba con un baño de sangre.

El catarismo

El catarismo es un movimiento cristiano que se desarrolla entre los siglos X y XIV y que, sobre todo, rechaza todos los sacramentos de la Iglesia católica. Sus adeptos, declarados herejes, son perseguidos por la Inquisición católica. En 1208, se lanza una cruzada para acabar con los cátaros que, por su ideología, amenazaban la comprensión del mensaje bíblico.

Con el declive desde el final de la cruzada albigense (1208-1229), el papa Gregorio IX (1170-1241) decide enviar en misión a inquisidores a la región cátara (el Languedoc) para asegurarse de la conversión de los herejes. Por el camino, los misioneros son asesinados por la guarnición de Montségur, uno de los últimos bastiones cátaros. En seguida, el rey y su madre ordenan formar un ejército de 6000 hombres para asediar la ciudad responsable del asesinato de los misioneros del papa. Montségur cae en 1244 y Luis IX manda quemar en una gigantesca hoguera a los infieles que se niegan a abandonar su fe, es decir, más de 220 hombres, mujeres y niños.

Luis IX también se muestra intransigente con los judíos. No obstante, no se puede hablar realmente de antisemitismo, ya que esto no afecta al pueblo judío como comunidad. Lo que no soporta el rey es el hecho de que el Talmud insulta a Cristo y a la Virgen María. Al principio, Luis IX duda sobre los peligros del judaísmo y organiza un gran debate entre los eclesiásticos de París y 4 de los rabinos más eruditos. Esta discusión, que pasa a la posteridad como *procès du Talmud*, «el proceso del Talmud», termina con la prohibición y la censura de la obra, declarada libro de infamia. Entonces, Luis IX ordena quemar en París más de 22 carros llenos de Talmudes confiscados en la ciudad, delante de todas las escuelas, las universidades, los miembros del clero y de la administración del municipio. Durante 2 días arde la hoguera por la cantidad de libros que en ella se queman. El rey, a quien el papa felicita por su acción, vuelve a efectuar una segunda pira pública al año siguiente y otra el año de después. Los judíos no son expulsados del reino, pero a partir de ese momento tienen que llevar en su túnica una rueda cosida a la altura del pecho como símbolo distintivo. Además, se les prohíbe salir de sus casas los días de la pasión de Cristo y se les niega el acceso a las funciones públicas.

UN REY CONSTRUCTOR Y MISERICORDIOSO

Los pobres, los impedidos y los misericordiosos ocuparán un lugar fundamental en la vida de Luis IX. De hecho, este no duda en invitarlos a su mesa durante los banquetes, les lava los pies y las manos y escucha sus desgracias.

En 1260, funda el hospital de los Quinze-Vingt, destinado a una cofradía de ciegos pobres, y le otorga toda una serie de privilegios financieros. En 1248, restaura el Hôtel-Dieu, en París, para que pueda albergar a los necesitados, y ordena construir el hospital de las Haudriettes para socorrer a las mujeres viudas que, por su estatus, generalmente viven en la indigencia. En 1259, funda la casa de Dios de Pontoise para ayudar a los enfermos y a los pobres. La institución tendrá tanto éxito que el rey tendrá que dejarle 2 años más tarde su propia casa de campo y el bosque de Pontoise para hacer frente a las solicitudes de ingreso. También ordena la construcción de la casa de Dios de Vernon para cumplir con estas mismas tareas. Para acabar, en su testamento establece que entrega a las órdenes mendicantes varias tierras e ingresos financieros.

| Dibujo que representa el hospital de los Quinze-Vingt tal y como era en 1567.

Luis IX es el primer rey de Francia que construye hospicios destinados a los indigentes y, más en general, es el primero que se preocupa por su situación. Esta dimensión social y caritativa, que hasta entonces no existía en los soberanos, despierta la adoración de su pueblo. Nunca llegará a igualarse esta actitud en la historia de la monarquía francesa, aunque sí servirá de referencia a sus descendientes, que a partir de ese momento practicarán la caridad durante las ceremonias y las festividades importantes.

Luis IX también se preocupa por el ámbito estudiantil. La Sorbona es fundada por su capellán y confesor, Roberto de Sorbon (1201-1274), a quien el rey da su apoyo financiero para la creación de la cátedra de Teología. También dicta varias leyes que impiden que los propietarios alquilen los apartamentos demasiado caros a los estudiantes.

Durante el siglo de Luis IX, también se construyen varias iglesias góticas en Francia. En efecto, él manda construir la abadía de Royaumont, tal y como deseaba su padre, así como la abadía de Maubuisson, en 1241. También efectúa obras de gran envergadura en Saint-Denis, que convierte en necrópolis real. Pone orden en las tumbas, a las que clasifica por dinastías, e inaugura en 1267 el nuevo conjunto sepulcral. Al proceder de esta manera, quiere reafirmar la continuidad de las 3 dinastías francas (Merovingios, Carolingios y Capetos). Igualmente, ordena la construcción de la Sainte-Chapelle para colocar en ella las santas reliquias. Y también es bajo su reinado cuando Francia ve cómo se terminan las construcciones de las grandes catedrales góticas, como la de Notre Dame de París, la de Chartres, la de Amiens, la de Reims y la de Auxerre.

MOMENTOS CLAVE

A partir de 1243, Luis IX se encuentra a la cabeza de un reino unido y pacificado. Ha acabado con el conflicto con Inglaterra que duraba desde el reinado de su abuelo, Felipe Augusto, ya no hay ningún barón que ponga en entredicho sus decisiones y el catarismo ya no existe. El rey de Francia aparece representado como un hombre sabio, cercano a su pueblo y fundamentalmente creyente, algo que provoca el respeto de sus contemporáneos. ¿Pero qué lleva a cabo realmente? ¿Qué combates lidera?

LAS RELIQUIAS DE CRISTO Y LA SAINTE-CHAPELLE

En 1237, Balduino II de Courtenay (último emperador del Imperio latino de Constantinopla, 1217-1273) se dirige a Francia para pedir a Luis IX una ayuda financiera para luchar contra los griegos que amenazan el Imperio latino. Así es como el monarca se entera de que a los barones latinos de Constantinopla les falta dinero y que desean vender la corona de espinas que Jesucristo llevó el día de su crucifixión para solventar este problema. Sin embargo, los cristianos de Oriente tienen miedo de que la santa corona, la reliquia más preciada, caiga en manos extrajeras. Entonces, Luis IX envía a 2 emisarios dominicos para negociar la compra. Entre tanto, la reliquia es vendida a la ciudad de Venecia, que no se atreve a oponerse al rey de Francia y al emperador de Constantinopla y, a su pesar, acepta que sea Francia la que se la lleve a cambio de un acuerdo financiero.

En diciembre de 1238, a pesar del invierno que dificulta la navegación, la corona llega a Venecia y, unas semanas más tarde, a Villeneuve-l'Archevêque, donde toda la realeza y un gran número de barones están reunidos para recibirla. Cuando entra en París el 19 de agosto de 1239, el relicario donde se encuentra la reliquia es transportado sobre un cadalso que llevan el rey y su hermano, descalzos, seguidos de prelados, de clérigos y de la caballería francesa, que también van descalzos. El pueblo de París se agolpa para contemplar la santa reliquia y la procesión —cuando menos, sorprendente— que la transporta. En seguida es llevada a la capilla de San Nicolás, en el palacio de la Cité, mientras se terminan las obras de la Sainte-Chapelle que ha ordenado Luis IX para colocar allí la reliquia. En 1241, también compra al emperador de Constantinopla un trozo de la verdadera cruz, la santa esponja y el hierro de la santa lanza que hirió a Jesús en el torso.

| Cuadro de Noël Hallé que representa el momento en el que San Luis transporta la corona de espinas a la Sainte-Chapelle.

La construcción de la Sainte-Chapelle y la compra de las reliquias más importantes de la cristiandad superan la simple devoción personal del rey, que quiere convertir a París en una nueva Jerusalén y agrandar la gloria de la monarquía francesa. Es significativo que los apartamentos reales comuniquen con la capilla alta, que a su vez pertenece al palacio de la Cité, y que los vasallos del soberano estén obligados a partir de ahora a jurar sobre las santas reliquias. Al actuar de esta manera, Luis IX asocia la gloria del rey a la de Dios. Por lo tanto, las reliquias se convierten en un formidable objeto de propaganda para la monarquía francesa.

LA SÉPTIMA CRUZADA

En 1244, el rey se cura milagrosamente de disentería y hace el voto de partir en una cruzada. Se necesitarán 4 años para prepararla. En efecto, Luis IX manda construir murallas y un puerto que pueda garantizar la salida y el regreso de los cruzados en Aigues-Mortes, primer puerto francés en el Mediterráneo. Zarpa el 28 de agosto de 1248 con todos los miembros de su familia, excepto su madre, a quien nombra regente antes de abandonar la capital.

| Cuadro de Joseph-Marie Vien, del siglo XVIII, que representa a San Luis entregando la regencia a su madre Blanca de Castilla.

Al menos 20 000 hombres (2500 caballeros, otros tantos escuderos, 10 000 soldados de infantería y 5000 arqueros) y 8000 caballos embarcan con el rey en Aigues-Mortes en unos 38 barcos reales y cientos de embarcaciones.

Los cruzados, que se ven obligados a hibernar en Chipre durante varios meses, llegan al puerto de Damietta (Egipto) el 5 de junio de 1249, donde deben librar la batalla. Tras haber celebrado una misa en el mar, el rey y sus hombres se tiran al agua, para gran preocupación de Margarita de Provenza, su esposa, que se queda en el buque real. El bando de los cruzados gana el combate sin sufrir pérdidas notables. La ciudad, que ahora les pertenece, se convierte rápidamente en el punto de reabastecimiento de los franceses.

A continuación, el Ejército quiere cruzar el Nilo para llegar a El Cairo, pero la crecida del río dificulta todavía más su progreso frente al Ejército musulmán. Finalmente, lo logra el 9 de febrero de 1250, tras haber ganado la batalla de Mansura. No obstante, las pérdidas son numerosas y el hermano del rey se encuentra entre las víctimas. El número de fallecidos crece tras las epidemias que afectan a las tropas y que se ven agravadas por la sequía del verano. Con la falta de reabastecimiento, se inicia la retirada hacia Damietta, pero Luis IX y una parte de los combatientes son hechos prisioneros en Fariskur por los mamelucos egipcios. Margarita de Provenza, que se ha quedado en el puerto, reúne los 400 000 besantes (moneda bizantina) que se piden como rescate para liberar a su esposo. Para sorpresa de todos, cuando el monarca es liberado, se niega a volver a Francia y decide llevar a cabo una peregrinación a Tierra Santa.

Durante 4 años, el rey viaja con los cruzados que se han mantenido junto a él y se dedica a poner orden en los asuntos en tierras cristianas, a fortificar las ciudades y a aportar su apoyo a los creyentes de Oriente que vienen en masa a darle la bienvenida, en Saint-Jean-d'Acre. También aprovecha para volver a disciplinar las órdenes de caballería que deben defender los reinos cristianos (los templarios) y para negociar con los musulmanes la liberación de los últimos prisioneros, así como la obtención de numerosos privilegios para los cristianos que quieren ir a Jerusalén.

Luis IX solo vuelve a Francia cuando se entera de la muerte de su madre. En París hace una entrada triunfal el 7 de septiembre de 1254, tras 6 años de ausencia. Es cierto que no ha retomado el control de Jerusalén, que sigue en manos de los musulmanes, pero a partir de ese momento se le considera como un jefe admirable que se ha tirado al agua literalmente ante el muro de Damiette, como el soberano cautivo que se queda en Tierra Santa para liberar a sus camaradas cruzados y, para acabar, como el que negocia durante 4 años con los musulmanes para obtener mejores condiciones de vida para los cristianos en Tierra Santa, pero también como el que ha construido o restaurado las fortificaciones para garantizar su protección. Aunque la cruzada es un fracaso para el rey, lo ha elevado a figura emblemática de la causa cristiana en toda Europa.

REFORMAR FRANCIA PARA QUE SEA DIGNA DE DIOS

Sin embargo, Luis IX no digiere esta derrota, ya que la percibe como un castigo divino, un abandono del Señor. Es tal su desesperación que llega a plantearse abandonar su función real para convertirse en monje y expiar sus faltas. Endurece sus sesiones de mortificación, come cada vez menos comida que desazona con agua, y adelgaza considerablemente. Su esposa logra convencerlo de que Francia lo necesita. Entonces, brota en su mente la idea de que su derrota se debe al hecho de que Francia no era lo suficientemente pura para cumplir con los designios de Dios y que, por lo tanto, su deber es purificarla. Por ello, quiere llevar a cabo reformas profundas de la sociedad que marcarán considerablemente al país.

Reforma de la administración y del sistema judicial

Luis IX empieza por enviar por toda Francia a investigadores reales encargados de informarle sobre el estado del país. A continuación, decide reorganizar la administración nombrando bailíos y prebostes, que hasta entonces eran inspectores itinerantes, administradores designados y pagados por el propio soberano. Estos ejercen su jurisdicción en territorios bien definidos, las circunscripciones, que pasan a dividir al país.

En 1254, el monarca promulga la Gran Ordenanza, un texto fundacional que crea, entre otros, la corte del rey y una serie de preceptos sobre el funcionamiento de las instituciones reales. La corte del rey, subdividida en diferentes secciones, se compone de un Consejo que trata asuntos políticos, de un Parlamento y de un Tribunal de Cuentas. Además, redefine las misiones de cada uno. Así, los oficiales reales se encargan de aplicar la justicia sin distinción social y económica, y tendrán que hacer prevalecer la inocencia de cada acusado mientras las pruebas no demuestren lo contrario. Estarán supervisados en el ejercicio de sus funciones por los investigadores reales, que tendrán que enviar a la corte del rey las quejas y las reclamaciones del pueblo hacia los oficiales reales. Por otra parte, la Gran Ordenanza prohíbe que los oficiales reales cobren multas sin que haya habido previamente una sentencia. Ya no podrán aceptar regalos de las partes que se encuentren en espera de juicio. Si una de las partes lo desea, todos los asuntos judiciales podrán ser juzgados una segunda vez, y esa revisión se desarrollará ante la corte del rey. Así, será ella en última instancia la que juzgará la validez o no del fallo de sus oficiales. Todos los asuntos juzgados por la corte se escribirán y se registrarán para servir de ejemplo en asuntos similares para luchar contra las decisiones arbitrarias.

En 1256, Luis IX retoma la Gran Ordenanza y le añade varios párrafos sobre la situación de las mujeres. Estas están consideradas como seres débiles; por lo tanto, la justicia real tiene el deber de protegerlas: su derecho sobre la herencia debe respetarse y no pueden ser castigadas por las faltas de sus maridos. Para acabar, en 1258 o en 1261, el rey abole el sistema de juicio por ordalía. A partir de ese momento las sentencias se basarán en pruebas racionales y en la audiencia de testigos.

La presunción de inocencia, la jurisprudencia y la posibilidad de recurrir son, por lo tanto, muchos elementos que se encuentran en la base de la justicia moderna y que instaura Luis IX. El rey aplica esta justicia en las tierras reales y la impone a los barones. Poco a poco, el pueblo empieza a llamar a su soberano Luis el Justo y, en seguida, la imagen de Luis IX que reparte justicia equitativamente bajo su roble se expande a toda Francia.

| Cuadro de Pierre-Narcise Guérin, de 1816, que muestra a San Luis impartiendo justicia bajo el roble de Vincennes.

Reformas sobre la moralidad y el dinero

En la Gran Ordenanza, también se encuentran una serie de medidas que hablan sobre la moralidad. En este marco, Luis IX prohíbe los juegos de dados, de ajedrez y de damas, así como todos los juegos de dinero, y castiga severamente las blasfemias. También proscribe la prostitución en las ciudades, antes de autorizarla de nuevo 2 años más tarde, tras haber observado que no podía frenar este mercado. No obstante, decide someter esta actividad a unas normas estrictas: las prostitutas pueden ejercer únicamente en establecimientos especializados, situados fuera de las murallas y con las contraventanas cerradas, y solo pueden salir algunos días de la semana vistiendo ropa que debe diferenciarlas de las mujeres honestas.

La Gran Ordenanza también recoge dos capítulos contra la usura y los préstamos con tasas de interés que efectúan los judíos y los banqueros lombardos. Así, el rey prohíbe a los barones y a los oficiales reales que ayuden al prestador a cobrar su crédito, pero también que encarcelen a un cristiano que no fuera capaz de reembolsar deudas contraídas con usureros judíos. De hecho, el soberano piadoso considera que la usura y los banqueros lombardos y florentinos que practican estas tasas de interés superiores a las legales son amorales. En 1268, promulga una ordenanza que tiene como objetivo la expulsión de estos.

Para acabar, de 1262 a 1270, Luis IX impone importantes reformas monetarias. Prohíbe la falsificación de la moneda real e instituye la utilización de esta última en el conjunto del territorio que se encuentra bajo su autoridad. A partir de ese momento, solo las monedas de los señores que han recibido una autorización especial podrán seguir circulando libremente en paralelo a la del rey. En 1266, se prohíbe la utilización de monedas extranjeras. Además, el monarca crea el escudo de oro y el gran tornés, dos monedas que terminan por completar al abanico de monedas reales que a partir de ese momento se utilizan en toda Francia.

Con estas reformas, el rey intenta regular el mundo económico que, hasta entonces, no estaba realmente regulado. En efecto, antes, cada señor utilizaba su propia moneda en sus tierras. Por consiguiente, podía pasar que el vendedor y el comprador no utilizasen la misma moneda y, por lo tanto, tuviesen que ponerse de acuerdo con un banquero sobre una moneda de cambio, teniendo en cuenta que el cambio a menudo estaba gravado por los señores o los banqueros. Además, los banqueros tenían la posibilidad de escoger la moneda menos cara para los intercambios comerciales internacionales. Una situación intolerable para Luis IX. Al prohibir el efectivo extranjero, al imponer la moneda real en toda Francia y al reducir el impacto de las monedas regionales, busca dar una gran fuerza a la moneda real.

Este primer intento de control del sistema monetario y económico que lleva a cabo el poder real no siempre se verá respaldado por un gran éxito. Así, el escudo de oro apenas será utilizado por la población por su valor demasiado elevado. Además, Francia, que ya no tiene banqueros extranjeros, ya no podrá gravar los bienes de los intercambios comerciales extranjeros. No obstante, Luis IX, con sus reformas, contribuye a establecer un primer marco legal alrededor de una moneda que él deseaba que fuera única y estuviera controlada por el Estado, algo que ayudará a sus sucesores.

LA OCTAVA CRUZADA

En 1266, tras haber llevado a cabo todo este trabajo en Francia, Luis IX anuncia al papa Clemente IV su deseo de volver a las cruzadas. Sin embargo, esta vez, los barones franceses y extranjeros muestran una mayor reticencia a la hora de responder a la llamada. El 1 de julio de 1270, son menos de 10 000 hombres los que embarcan en Aigues-Mortes. Sin embargo, pueden contar con el reino de Sicilia, que colabora con la cruzada y sirve de base marítima.

Luis IX, que piensa que puede convertir al cristianismo al sultán de Túnez, Mohamed al-Mustansir bi-Ilah (fallecido en 1277), manda que los cruzados desembarquen en La Goulette, cerca de Túnez. Pero, en contra de las suposiciones del soberano francés, este se niega a convertirse y sus hombres atacan a los cruzados. Entonces, Luis IX conquista Cartago para poner a sus hombres a seguro a la espera de los refuerzos que tenía que traerle su hermano Carlos de Anjou (rey de Nápoles y de Sicilia, 1266-1285) para atacar Túnez. Desgraciadamente, al igual que 20 años antes, el Ejército cruzado, bloqueado bajo el calor del verano africano, debe enfrentarse a violentas epidemias de disentería y de tifus que afectan al propio monarca. El 25 de agosto de 1270, dicta para su sucesor sus últimas instrucciones que recogen sobre todo el deber de los reyes de proteger a los pobres, y pide al Señor por última vez que deje que su Ejército de servidores regrese sano y salvo a Francia. En ese mismo instante, llega Carlos de Anjou con sus hombres. Sin embargo, es demasiado tarde: Luis el Justo ha fallecido. Se firma la paz con el sultán de Túnez, los cruzados vuelven a su tierra y los restos del rey son llevados a la necrópolis real de Saint-Denis.

REPERCUSIONES

Todavía hoy en día, san Luis, considerado unánimemente como una de las mayores figuras de Francia, no ha revelado todos sus secretos porque la adoración de su pueblo se mantuvo viva y siguió creciendo con el tiempo, porque las repercusiones de su reinado fueron importantes para su país y porque los personajes de la historia quisieron recuperar su imagen con fines particulares.

UN CADÁVER MILAGROSO

Ya en 1270, el difunto monarca se convierte en una baza política. Carlos de Anjou, rey de Sicilia y hermano de Luis IX, considera que su sobrino Felipe III (1245-1285) es demasiado joven para reinar. Pero este último está decidido a reafirmar su autoridad y las tensiones se materializan en torno al destino del cadáver real. Felipe III desea que su padre sea repatriado a Francia para que descanse en Saint-Denis, una capilla que él mismo había reorganizado como necrópolis real. Por su parte, Carlos de Anjou propone que se entierre su cuerpo en Sicilia, más cerca geográficamente, algo que evitaría la descomposición del cuerpo antes del entierro. Para que los 2 hombres se contenten, se procede al *mos teutonicus* (literalmente, «uso teutón»).

Así, Felipe III podrá enterrar la osamenta de su padre en Saint-Denis bajo una simple losa de piedra según sus últimas voluntades, y Carlos de Anjou podrá llevarse su carne a Sicilia antes de que se descomponga.

Por el camino, se producen milagros. La Iglesia cuenta 2 en Sicilia, que realiza su carne, otro más que se produce cuando entran sus huesos en París en mayo de 1271 y varios otros en Saint-Denis. Los peregrinos en seguida acuden a París, hasta tal punto que se instaura un servicio de seguridad cerca de su tumba para canalizar a la multitud que viene a implorar al desaparecido. La sepultura se convierte en una herramienta de propaganda para Felipe III quien, al ver el flujo de visitantes, ordena que se sustituya la simple losa de piedra por una estructura más compleja en 1274, y en 1282, por una tumba adornada de oro y de plata. Esta nueva tumba, creada durante el proceso de canonización de Luis IX, cumple un claro objetivo: enfatizar la reputación de grandeza del rey fallecido para que la jerarquía pontificia cristiana se decida a proceder a la canonización.

EL PROCESO DE CANONIZACIÓN

En seguida se intenta canonizar a Luis IX, a quien en vida todo el mundo considera un santo y que goza de una reputación todavía mayor por el número de milagros que se registran en París y en Italia. A partir de 1272, el primer acto pontificio de Gregorio X (1210-1276) consiste en escribir a Geoffroy de Beaulieu, el antiguo confesor de

Luis IX, para pedirle más datos sobre el antiguo monarca francés. Este responde al papa con una carta detallada en la que concluye que Luis IX es un auténtico ejemplo para todos los príncipes cristianos y que merece ser canonizado. 2 años más tarde, Felipe III se encuentra con el papa, pero este está ocupado con asuntos más urgentes. Al año siguiente, la Iglesia de Francia, a través del arzobispo de Reims Pierre Bardet (fallecido en 1298) y, más adelante, a través del de Sens Gilles II Cornu (fallecido en 1292) envía una carta al papa para reclamar el inicio de un proceso de canonización. El papa nombra entonces a Simón de Brie (fallecido en 1285), el antiguo consejero de Luis IX, como legado para que investigue. No obstante, el papa, que muere unas semanas más tarde, considera que la investigación está descuidada.

En un año y medio, se suceden 3 papas en el trono pontificio y el proceso de canonización de Luis IX no avanza. Habrá que esperar a 1277 y a Nicolás III (1210/1220-1280) para que se dé un nuevo impulso al proceso. Entonces, Simón de Brie tiene que llevar a cabo una investigación suplementaria, mientras que Felipe III recibe el encargo del papa de enviar a Roma un expediente con todos los milagros registrados en la necrópolis real. Nicolás III muere en 1280 y es Simón de Brie quien lo sucede como papa con el nombre de Martín IV. Este último ordena a Guillermo de Flavacourt (fallecido en 1306), el obispo de Ruan, que inicie la investigación final sobre la vida y la moral de Luis IX y sobre la comprobación de los milagros que se producen sobre su tumba. Se interroga a cerca de 365 testigos y la investigación termina en marzo de 1283. Pero Martín IV fallece poco después.

A pesar de la insistencia de la Iglesia de Francia, en 1294 Luis IX todavía no ha sido canonizado. 11 papas se han sucedido y se han interesado en mayor o menor medida por su canonización, pidiendo investigaciones adicionales cada vez más favorables, hasta el punto de que en toda Europa se habla de este expediente como si llevara una maldición. En 1294, el nuevo papa Bonifacio VIII (1235-1303) culmina el proceso. Está sinceramente convencido de la santidad de Luis IX. Además, desea acercarse a Felipe el Hermoso (rey de Francia, 1264-1314) y está muy decidido a utilizar esta canonización para entablar relaciones amistosas con el trono de Francia. Luis IX será oficialmente canonizado en 1297. El fervor popular es tal que el baptisterio de la iglesia de Poissy, donde el monarca había sido bautizado, es deteriorado y reducido a añicos a manos de los creyentes, que quieren tener un trozo del edificio que convierte a Luis IX en un santo. Algunos llegarán incluso a ingerir esos trozos con agua para purificarse el alma.

LA LEYENDA DE SAN LUIS

Una vez que Luis IX se convierte en santo, brinda un prestigio inmenso a sus descendientes. A partir de ese momento, gracias a la canonización, se estima que la monarquía francesa tiene sangre sagrada, bendecida por Dios, algo que acentúa todavía más el vínculo entre realeza y sacralidad, y refuerza la idea de que el rey de Francia es elegido de Dios.

Todas las pertenencias del soberano se convierten en preciosas reliquias. Durante una ceremonia oficial, Felipe el Hermoso ordena de forma oficial que se vacíe la tumba de su abuelo y que se metan sus huesos en un relicario de oro. Servirán de regalo a la monarquía francesa, que los confiará a establecimientos religiosos o a personalidades extranjeras a los que Francia quiere honrar. De esta manera, durante 800 años, los restos de san Luis se dispersan y pasan por nobles y dirigentes de toda Europa e, incluso, de más allá. Todavía muy recientemente, en 2011, la catedral de Versalles recibió las entrañas del rey —que Carlos de Anjou se había llevado a Sicilia en 1270— de manos del obispado de Saint-Denis —que, a su vez, las había recibido del obispo de Túnez en 1285—.

Durante las guerras de religión (1562-1598), la monarquía francesa y la Iglesia católica reutilizan la imagen de san Luis y lo ensalzan para fortalecer la familia católica. Se trata de ayudarse de la popularidad del soberano canonizado para recordar los beneficios de la monarquía católica. Así, en 1568, los huesos de Luis IX presentes en París son reunidos durante una procesión contra el protestantismo.

Unos 20 años más tarde, en 1589, Enrique III muere sin descendencia y pone punto final a la familia Valois en el trono de Francia. Entonces, hay que remontar a varias generaciones atrás para encontrar a un heredero legítimo, que no es otro que el futuro Enrique IV (1553-1610), descendiente directo de Roberto de Francia (1256-1318), el último hijo de san Luis. No obstante, Enrique IV es protestante y tiene que luchar para acceder al trono que le corresponde. Tras varias victorias militares, siente la necesidad de que el pueblo de Francia lo legitime y se quede tranquilo. Entonces, se convierte al catolicismo y declara que todos los herederos al trono se llamarán Luis en homenaje a su glorioso antepasado, con lo que enarbola ante todos su ilustre ascendencia. A partir de ese momento, los reyes de la familia Borbón utilizan con frecuencia la imagen de san Luis, sobre todo Luis XIV (1638-1715) y Luis XV (1710-1774). Y es que ser descendiente de un rey santo es una referencia formidable cuando se quiere instalar una monarquía absoluta de derecho divino.

Un siglo más tarde, todavía se encuentra con frecuencia el ejemplo de san Luis en los discursos de los preceptores reales encargados de enseñar a los futuros reyes de Francia la grandeza de sus funciones y sus obligaciones. Sin embargo, la distancia que toman ciertos filósofos franceses ilustrados con respecto a la monarquía de derecho divino y a la religión católica, así como el desarrollo de los librepensadores y de las costumbres libertinas empañarán en cierta medida la figura de san Luis. Por ejemplo, Voltaire (1694-1778) solo tiene elogios hacia el monarca cuando hace referencia a sus virtudes, a su política de reformas judiciales y a la influencia beneficiosa que tuvo sobre sus herederos, pero deplora las cruzadas injustas, se ríe de sus costumbres demasiado piadosas y critica en muchos puntos el valor de la biografía del rey que efectúa Jean de Joinville y que considera edulcorada, desprovista de toda objetividad, donde se relatan hechos imposibles.

Con la Revolución francesa (1789) y el Imperio napoleónico (1804-1814), desaparecen un poco las referencias a san Luis, que resurgen durante la segunda mitad del siglo XIX. En efecto, la historia acaba de convertirse en una auténtica ciencia y en un ámbito de investigaciones, y el desarrollo del nacionalismo y el resurgimiento del interés por la Edad Media van a convertir a san Luis en una figura omnipresente en los primeros manuales escolares del Estado francés, junto a Clodoveo (c. 465-511) y a Juana de Arco

(1412-1431), que también son utilizados como emblemas unificadores nacionales.

En 1892, se inaugura la primera cámara de la Corte de Casación de París y, como homenaje a san Luis, se instala en la galería que lleva su nombre en el palacio de la Cité, que desde entonces se ha convertido en el palacio de justicia. Para la ocasión, Charles Lameire (pintor y grabador, 1832-1910) es el encargado de decorar la galería, en la que todavía se pueden ver diversos símbolos del monarca y una estatua policromada del santo rey que ocupa un lugar de honor bajo su roble para impartir justicia.

Para acabar, en 1970, para el 700.º aniversario de la muerte de san Luis, se llevan a cabo varios acontecimientos y manifestaciones particulares con el objetivo de redescubrir las buenas acciones y la personalidad del difunto monarca, a quien las generaciones contemporáneas han dejado un poco en el olvido. El redescubrimiento del hombre y las manifestaciones de estos años jubilares todavía se encuentran en la raíz de nuestra percepción actual del rey, que sigue siendo un modelo de justicia moderno y de gobernanza ilustrada. No obstante, se expone un elemento nuevo ante los contemporáneos: todo el mundo describe y percibe a san Luis como un soberano que gobierna por deber, por servicio, por sacrificio sagrado de caridad, como un jefe que jamás se ocupa de sí mismo. Una realidad muy distinta a la política moderna y que marca profundamente al pueblo francés.

EN RESUMEN

1214
25 abr.: nacimiento de Luis

1226
29 nov.: **coronación de Luis IX**

1226-1334
Primer periodo de problemas con los barones y los señores de Francia

1239
19 ag.: **Luis IX transporta la santa corona a la capilla de San Nicolás**

1241-1243
Segundo periodo de problemas con los barones y los señores de Francia

1241-1248
Construcción de la Sainte-Chapelle

1244
Caída de Montségur

1248
28 ag.: **Luis IX se va a las cruzadas**

1249
Toma de Damietta

1254
7 sept.: Luis IX vuelve de las cruzadas
Luis IX promulga la Gran Ordenanza

1270
1 jul.: **Luis IX vuelve a irse
a las cruzadas**
25 ag.: fallecimiento de Luis IX

1297
11 ag.: **canonización de Luis IX**

- Luis IX, nacido en 1214, recibe una educación religiosa estricta por parte de su madre, que lo une por completo a la causa cristiana. También recibe de su padre, Felipe Augusto, una educación política para prepararlo para sus futuras funciones.

- Catapultado al trono cuando solo tiene 12 años, es su madre Blanca de Castilla quien gobierna Francia hasta que alcance la mayoría de edad. Los barones franceses y los vasallos del rey de Inglaterra aprovechan este periodo de regencia para intentar aumentar su poder. Pero la firmeza de Blanca de Castilla, unida a las cualidades de estratega y de diplomático del joven Luis IX, le permiten unir Francia y firmar la paz con el soberano inglés.

- El rey, que se ha deshecho de la ambición de estos barones, empieza a construir una sociedad pacificada y misericordiosa, de quien desea que esté a la escucha de las necesidades de los más desfavorecidos. Para socorrerlos, crea los primeros hospicios, financia las órdenes mendicantes y construye decenas de casas de Dios. No obstante, esta sociedad ideal excluye a las personas que no sean de confesión cristiana. Así, pone punto final violentamente al conflicto que oponía la Corona y el papado a los cátaros, quema los Talmudes presentes en el reino, estigmatiza a los judíos y reduce drásticamente sus actividades.

- En 1237, se presenta ante él una increíble ocasión: compra las santas reliquias de la pasión de Cristo. Se trata de una formidable herramienta de propaganda que tiene la intención de utilizar para marcar el vínculo que une a Francia y a la cristiandad, la monarquía francesa y el ámbito de lo sagrado. Una relación que se volverá todavía más estrecha cuando el papa Bonifacio VIII lo canoniza, con lo que convierte la dinastía real francesa en descendiente de un santo.
- Con 30 años, y tras una recuperación milagrosa, decide irse a las cruzadas. Es encarcelado y, después, es liberado gracias a su mujer. En vez de volver a Francia, decide quedarse en Tierra Santa durante 6 años para mejorar la seguridad de los cristianos de Oriente. Su incapacidad para retomar Jerusalén lo marca profundamente, hasta tal punto que considera su fracaso como un castigo divino que tiene por objetivo demostrarle que Francia es impura.
- Entonces, el rey inicia una serie de reformas de gran alcance en la administración, que lo llevarán a dividir Francia en circunscripciones, en las que nombrará a oficiales reales que serán los encargados de aplicar la justicia. Para evitar

abusos y corrupción, crea un cuerpo de investigadores que supervisará a los oficiales reales. A nivel del sistema judicial, sienta las primeras bases de la justicia moderna imponiendo la presunción de inocencia, creando la posibilidad de recurso y desarrollando los primeros pasos de lo que actualmente se conoce como jurisprudencia.

- Una vez que su país es digno de servir a Dios, Luis IX vuelve a las cruzadas en 1270 y muere unas semanas más tarde, en Cartago. Su vida y su reinado se sitúan bajo el símbolo de la religión y de su adoración hacia la misericordia de Cristo. Toma todas sus decisiones políticas teniendo en cuenta el deber que él cree que tiene para con el Señor. A lo largo de toda su existencia, vive con temor a decepcionar a Dios y con la esperanza de unirse a él tras su muerte. Así, fiel a sus deberes de cristiano, Luis IX cumple de lleno con su tarea real. Y, rápidamente, la Francia de san Luis se convierte en la tierra más feliz jamás vista a ojos del mundo cristiano y de las generaciones futuras, un lugar donde la paz y la igualdad van de la mano con una gran preocupación por la eficacia y la justicia.

¡Tu opinión nos interesa!
¡Deja un comentario en la página web de tu librería en línea,
y comparte tus favoritos en las redes sociales!

PARA IR MÁS ALLÁ

FUENTES BIBLIOGRÁFICAS

- Carolus-Barré, Louis y Henri Platelle. 1994. *Le procès de canonisation de saint Louis (1272-1297). Essai de reconstitution*, n.º 195. Roma: École française de Rome.

- Daniel-Rhops. 1970. "Saint Louis dans son siècle". *Historia*, n.º 285, 26-35. París: Librairie Jules Tallandier.

- De La Chaise, Nicolas. 1688. *La vie de Saint Louis*, n.º 2. París: Librairie ordinaire du roi.

- De Lacroix de Lavalette, Marie-Josèphe. 1970. "Les aventures de la Sainte-Chapelle". *Historia*, n.º 283, 134-141. París: Librairie Jules Tallandier.

- De Lévis Mirepoix, Antoine. 1972. "Saint Louis des croisades". *Historia*, n.º 310, 78-86. París: Librairie Jules Tallandier.

- Dufournet, Jean, Nelly Andrieux-Reix y Laurence Harf. 1997. *Le prince et son historien. La vie de Saint Louis de Joinville*. París: Honoré Champion éditeur.

- Le Goff, Jacques. 1996. *Saint Louis*. París: Gallimard.

- Levron, Jacques. 1970. "Le siècle de Saint Louis". *Historia*, n.º 289, 120-126. París: Librairie Jules Tallandier.

- Levron, Jacques. 1970. "Historia vous fait découvrir un Saint Louis inconnu". *Historia*, n.º 278, 44-51. París: Librairie Jules Tallandier.

- Pinoteau, Hervé y Claude Le Gallo. 2005. *Saint-Louis. Son entourage et la symbolique*. Lathuile: Éditions du Gui.

- Sivéry, Gérard. 2014. *Saint Louis*. París: Tallandier.

FUENTES ICONOGRÁFICAS

- Vidriera de la iglesia de Izernore que representa a san Luis. La imagen reproducida está libre de derechos.

- Grabado de Eugène Devéria de 1839 que muestra cómo San Luis y su mujer Margarita de Provenza son interrumpidos por Blanca de Castilla. La imagen reproducida está libre de derechos.

- Luis IX en su lecho de muerte. La imagen reproducida está libre de derechos.

- Dibujo que representa el hospital de los Quinze-Vingt tal y como era en 1567. La imagen reproducida está libre de derechos.

- Cuadro de Noël Hallé que representa el momento en el que San Luis transporta la corona de espinas a la Sainte-Chapelle. La imagen reproducida está libre de derechos.

- Cuadro de Joseph-Marie Vien, del siglo XVIII, que

representa a San Luis entregando la regencia a su madre Blanca de Castilla. La imagen reproducida está libre de derechos.

- Cuadro de Pierre-Narcise Guérin, de 1816, que muestra a San Luis impartiendo justicia bajo el roble de Vincennes. La imagen reproducida está libre de derechos.

EDIFICIOS CONMEMORATIVOS

- La estatua de san Luis bajo su roble, en la entrada de la Corte de Casación de París, Francia.

- La tumba de san Luis en la necrópolis real en la basílica de Saint-Denis, en París, Francia.